AF253636

HISTOIRE

DE L'EMPIRE

PAR M. THIERS

Extrait de l'ERE NOUVELLE, journal de Tarbes

DÉCEMBRE 1874

Le succès d'un livre aussi léger a lieu d'étonner, et on ne se l'explique que par les mœurs lettrées du jour. Personne ne lit plus de livres sérieux, parce que personne, hors les gens de profession lettrée, n'a de temps pour la lecture. L'homme d'affaires, l'administrateur, l'homme d'Etat ne peuvent enlever à leurs occupations, si paperassières elles sont devenues, que les moments qu'ils destinent à la lecture des journaux. C'est donc dans les journaux uniquement que les contemporains puisent leur érudition, ou dans les journaux ou dans les livres faits à la façon des journaux. Tel est le livre de M. Thiers. Une circonstance en outre qui a aidé au succès de ce livre, c'est le grand développement que l'auteur a donné aux faits de guerre, en entrant dans des détails puérils extraits des bulletins de la grande armée ou des rapports des généraux commandant un corps d'armée, détails dans lesquels s'est bien gardé d'entrer le grand Empereur dans ses immortels commentaires, mais détails sur lesquels M. Thiers a compté pour flatter le chauvinisme de la nation.

C'est ainsi que dans la description du combat naval contre l'amiral Calder en août 1805, à la hauteur du Ferrol, M. Thiers se donne grotesquement l'attitude d'un vieux loup de mer, en disant : « Villeneuve virant, comme disent les marins, *lof pour lof par la contremarche.* » A ce lof pour lof combien de bourgeois qui se sont écriés : « Ce M. Thiers, quel grand homme ! il sait tout, même la marine. » Il n'en faut pas douter, ce sont des niaiseries militaires et effrontées comme ce *lof pour lof* qui ont contribué au succès du livre. Le charlatanisme est la ressource inépuisable de M. Thiers, et la vérité est qu'il ne sait pas plus la guerre de mer que la guerre de terre, et que c'est avec la même impudence qu'il parle guerre, marine, industrie, finances, administration, religion, sans avoir jamais rien su que l'à peu près des choses.

Le titre d'*historien national* sorti d'une bouche auguste et bienveillante outre mesure a de son côté puissamment concouru au succès du livre. Nous avons vu comment M. Thiers avait à sa manière reconnu cette bienveillance. Ce titre qu'on a voulu faire flatteur est un titre faux. Un historien doit être impartial et véridique et non *national*. S'il est *national* il n'est qu'apologiste. En écrivant l'histoire de l'Empire, M. Thiers était tenu d'être vrai et impartial vis à vis de l'Empereur, sans le flatter ni le dénigrer, ni sans songer à aduler la nation. Mais pour cela il aurait fallu que M. Thiers eût compris le rôle que la providence avait destiné à l'Empereur. Or, nous allons démontrer que M. Thiers ne s'est pas même douté de ce rôle si marqué cependant et si éclatant dans ses diverses phases, si répété et si indicatif dans ses expériences, et si un, malgré les nombreux actes politiques, diplomatiques et militaires qui tous concourent dans un même dessein.

Lorsque au commencement du siècle, Napoléon prit le gouvernement de la France, il trouva une France complétement transformée par la révolution, complétement démocratisée, pendant que les autres Etats de l'Europe étaient restés tels que l'histoire les montre à la fin du XVIIe siècle. Depuis cette fin, rien n'avait bougé dans les cabinets de Lisbonne, de Madrid, de Naples, de Milan, de Vienne, de Berlin, de Pétersbourg, et les nations étaient restées aussi engourdies que les cabinets. De sorte que si l'état social de la France en 1800 était représenté par 40 degrés au thermomètre politique, l'état social des autres nations l'était par 25 ou 30 degrés. Dans cette désharmonie, l'Europe, en somme, formant sous un certain point de vue un seul Etat, la paix était impossible dans cet état. Ou la révolution française devait succomber, ou les autres nations devaient se mettre au pas de la France. C'est ce que le génie de l'Empereur avait compris, et comme il n'entendait pas que la France de la révolution succombât, toutes ses mesures furent prises, et de 1800 à 1814 pas un pas n'a été fait par lui qui n'ait eu pour but de rompre ou niveler la désharmonie européenne et de rétablir l'accord entre la France et les autres Etats de l'Europe.

C'est ce que M. Thiers n'a pas compris. Sa miopie n'a pu arriver jusqu'à l'horizon de la politique impériale. Selon lui, l'Empereur ne devait pas porter son regard au-delà de la frontière française ni se mêler de la situation intérieure des autres puissances. Et ce petit esprit ne fait pas la réflexion que si l'Empereur ne s'était pas mêlé de la situation intérieure des autres nations, les cabinets européens plus perspicaces que M. Thiers n'auraient pas manqué de se mêler de notre propre situation, vu qu'ils étaient doués d'assez de perspicacité pour avoir deviné que la France révolutionnée était incompatible avec la constitution despotique ou aristocratique du Portugal, de l'Espagne, de l'Italie, de l'Allemagne et de la Russie. Si l'Empereur n'attaquait pas, il allait être attaqué.

Tout le système historique de M. Thiers repose sur la négation de cette idée. Suivant lui, l'Empereur ne fit que compromettre les intérêts de la France en intervenant chez les autres peuples, tandis qu'il aurait dû exclusivement se livrer à l'administration intérieure de la France ; tandis qu'il lui aurait été, suivant M. Thiers, si aisé de fixer à jamais la fortune et la grandeur de notre patrie en s'en tenant à la situation territoriale telle qu'elle était déterminée soit en 1801 par la paix d'Amiens, soit en 1805 par la paix de Presbourg, soit en 1807 par la paix de Tilsitt, soit en 1809 par celle de Vienne, soit en acceptant les conditions de 1813 à Prague, soit celle de 1814 à Châtillon.

M. Thiers s'empare de ces six époques pour vitupérer l'Empereur ; et l'historien se mettant à la place du souverain, il détermine et expose ce que celui-ci aurait dû faire au lieu de ce qu'il a fait : il refait une histoire de sa façon, et prouvant à sa manière que toute l'œuvre de l'Empereur est dépourvue de raison, il conclut qu'il n'est qu'un *pauvre insensé*. Cette expression n'est pas de nous, elle est de lui Thiers. Jamais dans aucune langue l'impudence et l'effronterie n'étaient arrivées à cette hauteur. Certes je ne pousse pas la naïveté jusqu'à ignorer qu'en aucun temps les âmes communes n'ont pu comprendre toute grandeur qui dépassait leur horizon, et je sais qu'à toutes les époques le sort des hommes de génie fut d'être traités *d'insensés* par la médiocrité. N'est-ce pas de nos jours qu'un académicien a publié deux volumes pour démontrer que Socrate et Pascal avaient été *fous* ? Et n'est-ce pas tout récemment que parut un savant livre pour prouver que le génie n'est qu'une *névrose* ?

Voilà donc M. Thiers refaisant un empire plus raisonnable, plus à sa portée, amendant, suivant une habitude de député d'opposition, les vues de Napoléon, biffant ce rôle *d'exécuteur des ordres de la divine providence* que Bossuet prétend être celui des grands hommes, et déclarant carrément que cette *divine providence* se serait montrée mieux avisée si dans le cerveau du grand Empereur elle avait logé quelque peu de la sagesse, du jugement et de l'expérience de celui qui hier encore entendait si étrangement nous sauver.

Nous nous souvenons d'avoir lu cette réflexion d'un homme judicieux qu'il est difficile d'admettre qu'un homme ait été le premier de tous comme militaire, dans un métier qui réclame tant et tant de parties du génie, et que comme politique il n'ait été qu'un *pauvre insensé*, ainsi que le veut M. Thiers.

Nous nous souvenons, de plus, d'avoir souvent entendu dire que si l'Empereur ne s'est arrêté ni à |Amiens, ni à Presbourg, ni à Tilsitt, ni à Vienne, ni à Prague, ni à Châtillon, ce n'est pas qu'il n'en eût l'intention, mais que ce fut la faute des cabinets européens toujours de mauvaise foi dans l'exécution des traités de paix. Les personnes qui parlaient ainsi étaient sans doute bien-

\veillantes pour l'Empereur, mais elles ne le comprenaient guère. Quant à nous, nous ne nous laissons pas séduire par ces beaux arguments, et nous n'avons pas besoin d'eux pour laver la gloire de Napoléon des outrages de l'*historien national*. Nous ne tenons pas à un Napoléon aussi sage qu'entreprennent de le faire des amis trop prudents et trop modérés, et nous n'hésiterons pas à avouer que peut-être le héros aurait pu s'arrêter à une des six époques mentionnées et que peut-être il aurait pu cesser ce terrible jeu de martingales qui fut le sien jusqu'en 1814. Nous conviendrons que peut-être il aurait pu vaincre le mauvais vouloir des cabinets et les complots de cette implacable aristocratie de l'Angleterre : nous conviendrons que peut-être par une audacieuse générosité, il aurait pu en traitant désarmer la haine de quelque cabinet et rattacher à son alliance en toute fidélité quelque grande nation. Eh bien ! nous n'hésitons pas à déclarer, après les réflexions de longues et longues années et avec toute la conviction qui nous est imposée par la plus profonde et la plus religieuse des admirations, que l'Empereur, eût-il pu s'arrêter, il ne l'a pas dû pour se conformer à son rôle *d'exécuteur des ordres de la divine providence*.

Et voici où nous entrons dans le vif de la question, et voici où nous caractérisons le grand Napoléon comme nul ne l'a caractérisé. S'il s'était senti uniquement le chef de la France, s'il s'était senti monarque français comme en Angleterre un ministre se sent ministre anglais, c'est à dire uniquement préoccupé des intérêts anglais et n'appréciant les intérêts européens que selon le point de contact de ces intérêts européens avec les intérêts anglais, alors l'héroïque tuteur de la France pourrait être accusé d'avoir mal géré la tutelle. Mais si l'imagination de l'Empereur, franchissant les frontières de la France, s'épandit sur les autres Etats de l'Europe, se passionna pour eux, et dans sa sollicitude d'Européen crut devoir prendre en main la gestion de l'Espagne, du Portugal, de l'Italie, de l'Allemagne, de la Pologne ; s'il regarda comme de son rôle *de lieutenant de Dieu sur la terre* de préparer la renaissance de ces diverses nations ; s'il croyait en cela plaire à la France et à ses vieilles passions de croisades et resserrer les liens de leur hymen en promenant de Lisbonne à Moscou les fils de ceux qui avec tant d'entrain étaient jadis allés au Capitole et à Jérusalem ; si l'Empereur avait reconnu qu'il existait une incompatibilité absolue entre la nouvelle France telle que la révolution de 89 l'avait constituée et l'état social encore fortement entaché d'aristocratie et de féodalité tel que nos pères purent le reconnaître dans leurs courses militaires ; si l'Empereur pour la sécurité de la France et pour la délivrer des coalitions, avait cru qu'il était indispensable de détruire les vermoulus édifices politiques de Madrid, de Rome, de Berlin, de Vienne, de Naples ; s'il était dans sa mission d'appeler les Espagnols, les Portugais, les Italiens, les Polonais, les Allemands à la libre possession d'eux-mêmes ; s'il en est ainsi, ce ne sera pas diminuer le rôle de Napoléon que de dire que s'il a pu s'arrêter il ne l'a pas dû.

Aujourd'hui qu'après avoir été bouleversés pendant vingt ans par la plus terrible des commotions que mentionne l'histoire, les différentes parties de l'Europe se sont singulièrement rapprochées dans les mœurs et les habitudes ; aujourd'hui que les relations si faciles d'Etat à Etat ont promené partout comme un niveau d'un effet encore plus puissant que ne furent les moyens militaires, les hommes jeunes s'imaginent avec difficulté les énormes différences qui, au commencement du siècle, marquaient d'un côté la France et de l'autre côté marquaient l'Espagne, l'Italie et l'Allemagne. Et c'est vrai à tel point qu'en 1800 un habitant de Madrid, de Lisbonne, de Berlin, de Vienne, de Milan ou de Naples ressemblait moins à un habitant de Paris qu'un homme du XVIIe siècle ne resssemble à un de nos contemporains. Si l'on compare ce qu'étaient en 1800 les relations des différents peuples de l'Europe avec ce qu'elles sont aujourd'hui, il résulte qu'un colossal travail physique, intellectuel et moral s'est accompli. Eh bien ! c'est cette œuvre qui fut celle de l'Empereur. M. Michelet, parlant de César et répondant à ces vulgaires critiques qui reprochent à ce grand homme d'avoir tué la liberté romaine qui était morte bien avant sa venue, a dit ce beau mot : « César fut l'homme de l'humanité. » Ce beau mot s'applique également à notre César. Le rôle qu'il imposa à la France ne sera pas du goût de tout le monde. Si l'on se place au point de vue de la seule raison et des seuls intérêts nationaux, on regrettera forcément tant de sang et tant de sacrifices de la part de la France. Le bourgeois dit comme M. Dupin : le sang de la France n'appartient qu'à la France ; et le bourgeois aurait préféré que l'Empereur se fût consacré uniquement à une tâche française, et qu'au lieu d'entraîner la France du nord au midi, du couchant à l'aurore, indifférent à tout ce qui n'était pas français, il se fût borné à un rôle semblable à celui de l'Angleterre qui, pendant la guerre du continent, soignait, restaurait, perfectionnait son agriculture, se créait une bonne viabilité, engendrant cette prospérité qui jeta dans une si profonde stupéfaction les premiers Français qui à la paix visitèrent les comtés de l'Angleterre. Il n'en devait pas être ainsi pour nous. Ce plan n'entrait pas dans les desseins de la providence. Nous étions destinés à plus de gloire et à plus de malheurs. Faut-il s'en réjouir ? faut-il en pleurer ? Là n'est pas la question. Mais voyons comment se déroula l'histoire. La plupart des Français d'aujourd'hui, même ceux qui ne sont pas dépourvus d'instruction, ignorent quelles furent les passions dont l'Empereur parvint à enivrer la France. Cette gloire qui pour la génération actuelle est synonyme de chimère, elle pénétra tous les cœurs, elle fit délirer tous les Français, depuis le maréchal de France jusqu'au tambour. Même dans les colléges elle nous transportait, et rien ne nous eût plus étonnés que si l'on était venu nous dire que la gloire n'était pas la plus précieuse des réalités. Un si frénétique empire exercé par un homme sur un peuple n'est pas sans sa raison d'être, et il faut convenir qu'il ne peut guère être compris par celui qui n'eut pas le bonheur d'être sacré par cet étrange regard. Les mœurs de l'Empire furent ce que peu d'hommes savent aujourd'hui : et un changement dans les mœurs, en dépit des faiseurs de théories politiques, est de plus haute importance que toute cette série de constitutions politiques qui ont défilé sans laisser de traces, tandis que les mœurs nouvelles ne passent pas, ou du moins ne passeront qu'avec le concours des siècles. Aussi notre caractère national se trouva-t-il profondément modifié par le météore impérial. Sans la surexcitation de cette gloire, les Français eussent été incapables de suivre l'Empereur jusqu'à la dernière étape de son œuvre de Titan. Cette gloire, c'est la guerre qui l'a baptisée, et sans cette gloire la plèbe de France serait à jamais restée plèbe. Nous ne devons pas oublier que la France de 1800 avait en partie vécu sous le servage ou sous ce qui y ressemblait fort ; que quelques-unes de nos plus grandes illustrations militaires avaient pu, enfants, reconnaître dans leurs pères la trace de ce servage, et que de Louis XVI à 1814 il n'y a pas plus loin que de Charles X à 1848, juste vingt ans. Les quinze premières années du siècle sont si pleines qu'elles ont faussé les idées de la chronologie, et qu'on croit qu'il s'est écoulé un grand siècle entre la mort de Louis XVI et 1814; tandis qu'en réalité en 1814 les hommes jeunes encore avaient vécu et servi sous le dernier de nos rois et que les hommes de soixante ans avaient vu Louis XV. Nous ne devons pas oublier qu'il ne fallait pas moins que cette gloire achetée par tant de sang pour anoblir la roture, et que c'est à cet anoblissement qu'est due cette personnalité fière qui aujourd'hui est le caractère de notre nationalité. Souvent nous avons vu le tiers-état faire pour son compte personnel une politique personnelle ; qu'il pardonne à la plèbe si elle a un moment songé à se décrasser, à donner à plein cœur dans ces guerres qui entraient si bien dans les intérêts des récents affranchis désireux d'arriver à la noblesse et qui conviennent si peu au petit bourgeois historien. Et cependant quand le *petit bourgeois* se vit arrivé au pied d'un fauteuil qui ressemblait à un trône, pourquoi, reconnaissant dans sa conscience qu'il était lui Thiers un peu maigre de bagage pour l'occuper dignement, pourquoi recourut-il lui-même à l'anoblissement, et pourquoi clandestinement, entre **M.** Barthélemy et lui, forgea-t-il un décret qui, de grand'officier de la Légion d'honneur, l'élevait à la dignité de grand'croix ? La gloire et les honneurs, le *petit bourgeois* n'en fait donc pas, au fond du cœur. tant de fi qu'il le dit.

Napoléon a dit : j'ai dessouillé la révolution, ennobli les peuples et raffermi les rois. Fut-il une plus belle carrière? Dessouillé la révolution, c'est incontesté, et c'est pourquoi Napoléon a pu ajouter à son héroïque programme, *héritier de Clovis et de la Convention.* Ennobli les peuples, tâche sublime et qui lui a à jamais gagné le cœur des peuples, et que nul autre souverain n'a jamais ambitionnée. Raffermi les rois, c'est douteux ; mais à qui la faute sinon à ces mêmes rois qui au XVIIIᵉ siècle avaient oublié qu'ils sont établis les pasteurs des peuples, et qui se montrant pasteurs infidèles par gloriole d'étiquette, avaient écarté le peuple et s'étaient livrés à des aristocraties de cour, encourant par là l'impopularité et pour cette raison n'éprouvant pour l'Empereur que de la répugnance.

Quoi qu'il en soit, l'empreinte de Napoléon sur la France est ineffaçable. Ce n'est que sur la classe lettrée qu'elle n'a pas marqué. C'est un ancien ministre de Louis-Philippe, un académicien, un ami de M. Thiers, qui, il y a quelques années, écrivait dans la *Revue des Deux-Mondes* : « On ne peut écrire une ligne sur l'Italie sans se reporter à un des plus beaux morceaux de géographie politique et militaire qui aient été écrits, à cette description de l'Italie tracée de la même main qui tint l'épée d'Arcole et de Marengo. *Elle se trouve dans un des plus importants ouvrages qui aient paru de nos jours.* » Ce qui pour qui comprend le français veut dire que M. de Rémusat lisait pour la première fois en 1861 les mémoires dictés à Sainte-Hélène. Ce trait de M. de Rémusat caractérise à merveille les lettrés de l'époque et leur aversion instinctive pour le grand Empereur. S'occuper avec passion des lettres, être fils d'un préfet du palais et arriver jusqu'à soixante ans sans avoir lu les mémoires de Napoléon !

On ne pourra pas accuser M. Thiers de ne les avoir pas lus ; mais on peut affirmer qu'il l'a fait comme il fait toutes choses, avec cette légèreté qu'il a promenée sur tous les sujets, se contentant de courir sur les surfaces, de recueillir des à peu près auxquels dans ses discours il excelle à donner les apparences du savoir par son ton dogmatique et gascon, esprit brillant sans contredit, qui sait un peu de tout, mais auquel la nature a défendu de percer à fond un sujet quelconque, si étroit soit-il, et pour tout dire en un mot, apte uniquement à étaler sa science de chrysocale devant les dames. Aussi quelle est sa conclusion sur l'Empire ? C'est qu'en politique l'Empereur s'est trompé du tout au tout et qu'en 1815 la France se trouva réduite à reprendre son œuvre au point où elle l'avait laissée en 1800, les quinze années intermédiaires étant comme non advenues ou n'ayant marqué qu'un recul. Il n'appartient qu'à un de ces *idéologues* comme les appelait l'Empereur, à un de ces hommes qui n'ont foi qu'aux minces idées systématiques qui sortent de leur cerveau, de nier une phase entière de notre histoire, de nier un mouvement social dont les témoignages se retrouvent dans toutes les chaumières depuis Lisbonne jusqu'à Moscou ; oui, jusqu'à Moscou, puisque l'émancipation présente des paysans russes n'aurait pas eu lieu si l'armée française n'était point entrée dans la Capitale de la Russie ; de nier la rénovation dans les mœurs qui est le fait saillant de la première moitié du XIXe siècle. Comment ! quand la trace du grand Empereur se voit partout en Europe ; quand toute cette pâte qui depuis cinquante ans sur les différents points de cette vieille terre se lève avec fermentation, et ne se lève que parce que la puissante main du grand homme l'a pétrie ; quand il n'est pas aujourd'hui une âme vivante, depuis les souverains jusqu'aux bergers, qui ne lui doive son caractère, sa marque et ses passions, et

je ne parle pas seulement des Français, je parle aussi
des nations étrangères, je parle de l'Espagne, je parle
de l'Allemagne, je parle des nations qui un moment ont
le plus haï l'Empereur, et qui, si elles connaissaient le
secret de leur histoire, élèveraient des autels à celui à
qui elles doivent leur résurrection ; quand le type de
l'homme moderne s'est vu transformé par l'incubation
de ce génie ; quand après trente ans de ce qui fut ap-
pelé sa mort il s'est montré plus vivant que jamais ;
quand sa mémoire et son génie, après avoir une première fois il y a vingt-six ans sauvé la patrie, annon-
cent devoir la sauver encore prochainement, un man-
darin lettré viendra nous dire que l'œuvre a avorté et
que ce n'est que l'œuvre d'un *pauvre insensé !* Je sais
avec quelle superbe effronterie les mandarins lettrés
d'aujourd'hui se mettent en opposition directe avec le
sentiment, l'enthousiasme et les passions du peuple.
Plusieurs fois, hélas ! nous avons vu où ont conduit
notre pauvre patrie ces mandarins avec leur rationa-
lisme, leurs théories et leur république. Remercions
Dieu de ce que le chef de ces mandarins récemment
a si piteusement échoué dans une tentative qui aurait
entraîné la France dans un abîme qui l'eût engloutie à
jamais, et tentative dans laquelle il s'était embarqué
avec une légèreté et une présomption qu'on imagine-
rait difficilement si on n'avait sous les yeux cette histoire aussi outrecuidante que frivole et charlatane, et
qui peint si bien la fatuité d'un caractère.

CAVEL.

TARBES, IMPRIMERIE TH. TELMON.

Place Maubourguet.

BIBLIOTHEQUE NATIONALE DE FRANCE
3 7531 04147704 4

www.ingramcontent.com/pod-product-compliance
Lightning Source LLC
Chambersburg PA
CBHW051424060726
47596CB00006B/2350